PROJET D'UNE SALLE

POUR

LE THÉATRE DES ARTS,

A construire au milieu du Jardin du PALAIS-ÉGALITÉ ; *faisant partie d'un Plan général d'embellissement de Paris et d'utilité publique ;*

PAR LE CITOYEN HUET, ARCHITECTE.
des Vieux augustins, près celle Coquillière N° 30

Chez DEVAUX, Libraire, Palais-Égalité, N°. 181.

De l'Imprimerie de BRASSEUR, rue de la Harpe, N°. 477.

NIVÔSE AN VIII.

LE C[en]. HUET, ARCHITECTE,

AU C[en]. BONAPARTE,

PREMIER CONSUL DE LA RÉPUBLIQUE FRANÇAISE.

CITOYEN CONSUL,

VOUS possédez les Sciences et les Arts, vous savez que leurs progrès se lient à ceux du Théâtre; vous avez mesuré l'étendue de leur influence commune sur les Mœurs, l'Esprit public et l'Industrie nationale. Vous offrir un projet qui concoure à l'amélioration des spectacles, projet nécessaire d'ailleurs pour le maintien du Théâtre des Arts, c'est vous mettre à même d'écarter les entraves et les difficultés qui pourroient s'opposer à son exécution; en la favorisant, vous aurez, sous ce rapport, fait le bonheur public, dont nous avons conçu les plus douces espérances.

A. HUET, Architecte.

PROJET

D'UNE SALLE

POUR

LE THÉATRE DES ARTS,

A construire au milieu du Jardin du Palais-Égalité.

IL est urgent de construire à Paris une Salle de Spectacle, propre à être un véritable Théâtre des Arts et digne de la Nation qui doit l'édifier. Je prouverai les avantages de celle que je propose, après avoir parlé de sa nécessité. Je dirai quelle est sa meilleure situation, quelles en sont les convenances et les moyens d'exécution.

Il n'est pas nécessaire de s'épuiser en longs discours pour prouver que le Théâtre des Arts, rue de la Loi, est mal situé, mal distribué et trop rétréci dans toutes ses parties. Chaque jour fait sentir les inconvéniens du défaut des débouchés convenables à l'affluence du public et des voitures ; chaque jour fait craindre qu'un incendie imprévu n'étende ses ravages sur la Bibliothèque nationale, dépôt précieux dont tout le monde connoît la richesse et l'utilité ; chaque jour l'administration se voit forcée de multiplier les dépenses, et d'abîmer les Décorations, en les transportant sans cesse du théâtre au magasin, et du magasin au théâtre : chaque jour encore, les Acteurs, en s'exerçant, se trouvent gênés et confondus avec les ouvriers qui rangent ou préparent le théâtre : à peine, durant les représentations, les coulisses peuvent-elles contenir les acteurs ; à peine les ouvriers peuvent-ils manœuvrer les machines ; (aussi manquent-elles souvent leurs effets :) l'avant-scène est trop resserrée pour donner de grands spectacles, et pour ceux d'action, le théâtre devroit avoir beaucoup plus de profondeur (1) ; enfin, la salle est mal distribuée ; la plupart des spectateurs, mal placés et dans la gêne, ne voient ou n'entendent rien : il faut donc un nouveau théâtre.

Si mon projet étoit fondé sur l'imitation des théâtres des Anciens, et si, comme les leurs, il étoit destiné à donner des Fêtes au Public, sans exiger le prix des places, j'en proposerois la construction, non au Champ-de-Mars, mais là où devroient se donner les Fêtes nationales, c'est-à-dire, sur la place de la Révolution.

Comme nos Théâtres ne doivent pas plus être ceux des Anciens, que nos mœurs ne sont les leurs, j'ai dû concevoir un tout autre plan, et lui choisir un local plus propice qu'auprès du Luxembourg (2), qu'au bout des Tuileries, qu'à la Magdelaine, qu'aux Capucines (3), qu'à l'hôtel de Toulouse (4), ou enfin qu'au Carouzel (5), d'où la raison, le bon sens et la nécessité des choses le repoussent. Je dirai donc qu'il ne peut être mieux placé que dans son endroit natal, c'est-à-dire dans l'enceinte du Palais-Égalité.

Le Théâtre des Arts doit se trouver au milieu du quartier du luxe, des plaisirs et du mouvement. Je viens de désigner le local unique qui réunit toutes les conditions essentielles. Il y a des cours, des places et des rues étendues, qui offrent aux voitures des débouchés suffisans, sans gêner la voie publique. Les gens de pied en ont bien davantage, sans se diriger au travers des voitures et sans craindre, dès l'issue, la boue ou les bourasques des intempéries. Vers ce centre se réunissent les étrangers, les oisifs, les gens d'affaires, les amateurs des modes et des plaisirs : c'est à leur portée qu'il faut placer l'Opéra. C'est là que ce Théâtre a pris naissance ; il faut qu'il y revienne, mais avec un caractère de grandeur et de majesté que son extérieur doit annoncer sans nécessiter une inscription.

Le Plan que je propose convient à ces principes et à la localité. Le Théâtre, placé au milieu, entre la seconde cour et le jardin du Palais-Egalité, jouiroit d'un isolement convenable et assez étendu pour bannir toutes craintes en cas d'incendie. On formeroit au pourtour un jardin qui rappeleroit le souvenir agréable de celui tant regretté depuis sa destruction. La cour pourroit contenir trois cents voitures, au moyen d'un ordre et d'une distribution nouvelle et commode. Cette cour est de beaucoup préférable à une place pour le service des voitures, parce que tout leur mouvement se fera dans son intérieur, sans gêner les gens de pied, ni la voie publique, à laquelle une place est toujours consacrée.

La décoration extérieure de mon théâtre est simple, mais d'un grand caractère. Dans la façade, du côté de la cour, est un avant-corps de six colonnes isolées, formant péristyle, sous lequel passent les voitures, à couvert. Au-dessus de ce péristyle, on voit Apollon tenant sa lyre, entouré des Muses.

La distribution intérieure offre, au rez-de-chaussée, une large galerie vitrée, régnante au pourtour du bâtiment, cinq vestibules, dont un très-grand et chauffé, retraite agréable à ceux qui attendent leur voiture; cinq très-vastes escaliers procurant des issues rapides; un corps-de-garde et un café, dont les entrées sont sous les galeries; deux autres escaliers destinés au service des loges grillées. Ensuite, le dessous du théâtre; enfin, l'entrée des acteurs, avec les logemens du concierge et du portier.

L'entre-sol comprend les entrées des loges de rez-de-chaussée, plusieurs loges d'acteurs, un foyer pour les musiciens, de très-grandes loges pour les comparses et les chœurs de la danse et du chant.

Au premier étage est un immense foyer pour le public, très-élégamment décoré, capable de contenir plus de deux mille personnes. De grands escaliers, montant de fond, dégagent tous les étages de loges. La salle, d'une forme parfaitement régulière, offrira le coup-d'œil le plus agréable par sa décoration, sa distribution et l'ensemble des spectateurs qui doivent en faire le principal ornement; elle contiendra deux mille quatre cents places (6), d'où chacun verra toute l'étendue du théâtre, sans éprouver la moindre gêne. Il est à remarquer que ceux qui arriveroient les derniers au spectacle, seroient aussi bien placés pour voir, entendre et être vus, que ceux qui, arrivés des premiers, auroient choisi ce qu'ils auroient cru la meilleure place. Elle sera éclairée d'une manière absolument neuve, favorable à la scène, sans éblouir personne, ni occasionner de fumée. On y respirera un air pur, qui se renouvellera sans qu'il faille ouvrir ni portes, ni fenêtres; il fera frais l'été et chaud l'hiver. Cette salle auroit encore la propriété de réfléchir jusqu'aux plus douces inflexions de la voix des acteurs, ce qui les dispenseroit de crier pour se faire entendre. L'ouverture de l'avant-scène sera très-grande, le théâtre plus large et presqu'une fois aussi long que celui actuel des Arts. Il pourra même être alongé indéfiniment et à volonté; le décorateur pourra profiter de cet avantage méconnu jusqu'à présent, mais qui deviendroit nécessaire pour les spectacles d'action. Si l'on veut donner des bals, le théâtre, réuni à la salle, aura une étendue immense. J'indiquerois un genre de décoration qui fera le charme de la plus brillante société : quatre heures suffiront pour l'établir.

Dans le cas où le feu se manifesteroit quelque part, j'ai un moyen facile de l'arrêter en un instant.

Les foyers et les loges des acteurs, placés de droite et de gauche, aboutiront au théâtre par des communications brèves et larges. Les décorations qui ne serviront pas le jour, seront casées dans un magasin attenant au fond du théâtre, et de plein-pied; elles ne seront plus exposées à la pluie, ni aux fatigues du transport; deux hommes suffiront pour les mettre en place, et le théâtre ne sera jamais encombré. Enfin une salle pour les répétitions, que l'on nommoit Odéon chez les Grecs.

Au-dessus des galeries et du grand foyer, il y aura une infinité de pièces qui suffiront à tous les besoins, et le comble offrira des ateliers et des magasins immenses. Telle est donc la distribution intérieure du bâtiment, elle ne laisse à desirer que son exécution.

Dès que les ateliers et magasins nécessaires, un local convenable, une distribution bien entendue, offrent de nouvelles facilités pour les travaux extraordinaires et journaliers du théâtre, il doit, sans contredit, en résulter une économie sensible. Cette considération n'est pas la seule; il en est d'autres qui se déduisent du local même : en les réunissant à ceux du nouveau théâtre, ils augmenteroient les produits, jusqu'à faire espérer l'équilibre avec les dépenses.

Puisque le théâtre des Arts doit jouir d'un isolement indispensable, le bâtiment ne doit contenir que les pièces strictement nécessaires au service permanent; il faut donc placer ailleurs tout ce qui peut en être détaché sans inconvénient. Mais il seroit aussi ridicule que nuisible, que ce qui doit naturellement en dépendre, en fût très-éloigné.

Le conservatoire doit être une dépendance du

théâtre Lyrique, et faire partie essentielle de l'*Odéum*. Il ne faut donc pas qu'il soit à une des extrémités de Paris ; le même local doit les réunir. Il est indispensable de consacrer à cet objet une partie des bâtimens du ci-devant Palais-Égalité. Il ne doit donc pas être vendu (7). Une autre partie de cet édifice convient à l'Institut-National ; ainsi, ce centre seroit le foyer général des Sciences et des Arts.

Jusqu'à présent, la recette du théâtre des Arts n'a pu balancer ses dépenses. Il est à présumer qu'elle ne suffira pas davantage à l'avenir, si l'on ne lui réunit de nouveaux moyens de produits. On le pourroit en consacrant ce qui resteroit du Palais-Égalité à des établissemens qui seroient régis par la même administration que le théâtre, ou affermés à son bénéfice. Il est inutile d'en donner ici les détails, il suffit de prévenir qu'ils conviennent à l'unité du plan, et que, sans exiger de grandes dépenses, ils assureroient des produits plus que suffisans pour combler le déficit annuel de l'Opéra.

Après avoir présenté mon projet pour un nouveau Théâtre des Arts, prouvé sa nécessité, ses avantages, sa meilleure situation et ses convenances, il me reste à parler des moyens d'exécution, sans avoir recours au Trésor public, pour mettre dès-à-présent la main à l'œuvre. Je ne demande pour cela que la concession d'une propriété nationale, qui n'est d'aucun produit.

Ce projet ne peut être offert dans un moment plus favorable que celui où le Gouvernement s'occupe de la régénération du systême politique. Les spectacles ont le plus grand besoin de l'être aussi et sans retard; leur influence particulière sur l'esprit public et les mœurs, nécessite un plan de réforme, auquel se lie la construction du Théâtre des Arts.

Signé A. HUET, *Architecte.*

Paris, le premier Nivôse an VIII.

NOTES.

(1) Les marches, les évolutions, les combats, les palais, les montagnes, les vallées, les rivières, la mer et les vaisseaux, qui devroient sembler être dans le lointain et presque à perte de vue, se trouvent sous les yeux et pour ainsi dire sous la main de l'acteur et des spectateurs. Ce rétrécissement force à faire paroître des hommes d'une grande taille près des édifices, sur des ponts et des rochers plus petits qu'eux, ce qui détruit toute illusion, toute la magie des décorations, et fait que les spectacles, qui seroient les plus beaux, deviennent les plus insupportables.

(2) Lors de l'incendie du *Théâtre Français du faubourg Germain, dit Odéon*, le Directoire demanda s'il étoit possible de le rétablir pour y placer l'Opéra. Son Architecte dit oui; que, pour quinze cent mille francs, il leveroit toutes les difficultés, nonobstant celles de la nature, pour une situation aussi étrangère qu'éloignée de tout.

(3) Les citoyens Chalgrin et Legrand ont inconsidérément prêté leur nom à l'appui d'un projet aussi fou que faux de vouloir établir dans les terreins des ci-devant Capucines et de la Mairie, *un théâtre, une place plantée d'arbres, deux fontaines en forme de mausolées* (*), *une colonnade et trois cents maisons* (**). Cette entreprise est d'autant plus fausse, qu'il faudroit au moins quarante millions, et bien plus du double de terrein pour la réaliser; car chaque maison ne pourroit avoir au plus que douze toises de superficie : ce seroient vraiment là les petites-maisons. La tontine ne serviroit qu'à ruiner des milliers de familles, puisqu'elle n'au-

(*) O l'agréable idée que des tombeaux pour accompagner un théâtre lyrique! elle est bien de l'auteur.

(**) Voyez le *prospectus* imprimé par Gillé, rue Jean-de-Beauvais.

roit que les *petites-maisons* pour gage. Le projet est fou, parce que le quartier des Capucines est trop loin, trop isolé et hors de Paris vivant, en sorte qu'un théâtre, au lieu d'y fleurir, s'y flétriroit comme les végétaux implantés dans une terre étrangère et aride.

Il y a un autre projet de théâtre pour ce même local des Capucines, par le C. Louis, qui a construit les mesquines galeries du Palais-Égalité ; la salle des Variétés, actuellement dite de la République ; celle de la Montansier, aujourd'hui le théâtre des Arts ; la petite salle des Beaujolais ; enfin le théâtre de Bordeaux. L'expérience prouve trop combien ces salles sont mauvaises et remplies de défauts.

Son nouveau plan se présente sous une forme si ridicule, qu'on ne peut, sans indécence, nommer ce à quoi il ressemble.

(4) Le terrein et celui des maisons attenantes, ne suffiroient pas à l'emplacement qu'exige le théâtre des Arts ; d'ailleurs, le quartier est trop resserré.

(5) Il entre dans l'idée de quiconque raisonne que l'achèvement du Louvre aura lieu tôt ou tard ; mon plan d'embellissement de Paris et d'utilité publique prouve que cet édifice ne doit être destiné qu'au service du Gouvernement : donc un théâtre renfermé dans son enceinte, qu'il faudroit démolir un jour, se trouveroit déplacé.

(6) Ce nombre de places rempli produiroit dix mille francs ; en outre, les jours d'affluence et de première représentation, j'ai un moyen d'augmenter le nombre des places en un instant et de bonifier la recette de deux ou trois mille francs. Ce moyen attirera au spectacle tous ceux qui, ne pouvant s'y rendre de bonne heure, n'y viennent pas du tout, crainte d'être mal placés.

(7) Il n'est pas moins hors de propos de consacrer ce Palais à tout autre usage.

www.ingramcontent.com/pod-product-compliance
Lightning Source LLC
LaVergne TN
LVHW010414240826
846091LV00020B/3983

* 9 7 8 2 0 1 9 2 7 2 6 7 8 *